www.ingramcontent.com/pod-product-compliance
Lightning Source LLC
Chambersburg PA
CBHW081607220526
45468CB00010B/2795
* 9 7 8 1 7 2 3 1 8 1 9 9 3 *